गोपाल सिंह नेपाली

गोपाल सिंह नेपाली का जन्म 11 अगस्त, 1911 को बेतिया (बिहार) में हुआ। प्रवेशिका तक शिक्षा।

उनकी प्रमुख कृतियाँ हैं—'उमंग' (1934), 'पंछी' (1934), 'रागिनी' (1935), 'नीलिमा' (1939), 'पंचमी' (1942), 'नवीन' (1944), 'हिमालय ने पुकारा' (1963), 'असंकलित रचनाएँ' (2007)।

'सुधा' (1933), 'चित्रपट' (1934), रतलाम टाइम्स', 'पुण्यभूमि' (1935-1937), 'योगी' (1937-1939) के सम्पादन से जुड़े रहे। बेतिया राज प्रेस (1940-1944) के व्यवस्थापक भी रहे। फिल्मों के लिए गीत लिखे। फिल्म-निर्माण और निर्देशन क्षेत्र में भी सक्रिय रहे।

रागिनी

गोपाल सिंह नेपाली

राजकमल पेपरबैक्स

पहला संस्करण 1935 में प्रकाशित

राजकमल पेपरबैक्स में
पहला संस्करण : 2025

राजकमल पेपरबैक्स : उत्कृष्ट साहित्य के जनसुलभ संस्करण

राजकमल प्रकाशन प्रा. लि.
1-बी, नेताजी सुभाष मार्ग, दरियागंज
नई दिल्ली-110 002

शाखाएँ : अशोक राजपथ, साइंस कॉलेज के सामने, पटना-800 006
पहली मंजिल, दरबारी बिल्डिंग, महात्मा गांधी मार्ग, प्रयागराज-211 001
1, अनमोल सोराबजी सन्तुक लेन, धोबी तलाव, मरीन लाइंस, मुम्बई-400 002

वेबसाइट : www.rajkamalprakashan.com
ई-मेल : info@rajkamalprakashan.com

विकास कम्प्यूटर एंड प्रिंटर्स
ट्रॉनिका सिटी-201 102
द्वारा मुद्रित

मूल्य : ₹ 199

RAGINI
Poetry by Gopal Singh Nepali

ISBN : 978-93-6086-650-1

स्वर-सन्धान

1. एक दिन बात-बात में पिताजी ने हमें अपनी जाँघ का वह दाग बतलाया, जहाँ उन्हें गोली लगी थी। वह गोली उन्हें तब लगी थी जब वे काबुल की या और किसी लड़ाई में अपने मोर्चे (trench) से आगे बढ़े जा रहे थे। उस समय पिताजी की आँखें एक अनूठी आभा में चमक उठी थीं और उनकी छलकी मुस्कान ने जो जलवा दिखलाया था वह दुख-दर्द के दिनों में कभी याद आता है तो बड़ा बल मिलता है।
2. खयाल कीजिए, देहरादून कितनी अच्छी जगह है। ऐसी उठती हुई पहाड़-पहाड़ियाँ फिर कहीं न देखीं। दूर-दूर तक फैले हुए जंगल, फूली हुई घनी झाड़ियाँ और खेलते हुए नदी-नाले जैसे खेलने घूमने के लिए ही बने हों। मैं शहर की बात नहीं कर रहा हूँ। शहर एक कवि के लिए न तो कोई जगह है और न उसकी चकाचौंध कभी गाने की चीज ही रही है। इतवार की छुट्टी में जब आप ताँगे पर शहर में कोई चीज खरीदने जाइए, तब जरा उसे भी देख आइए, बस। इसलिए 'देहरादून' से मेरा मतलब मंसूरी के आसपास से ही है। सुरम्य हरियाली की गोद में फौजी छावनी टिकी हुई है। सुबह-शाम सैनिकों की कवायद होती है। बैंड और पाइप बजते हैं और हवा में नंगी-नंगी संगीनें चमकती हैं। सामने तुलसीदासजी की रामायण खुली हुई है और किरीचें साफ हो रही है। वहाँ गांधी और टालस्टाय को कोई नहीं जातना। दुनिया गेंद की तरह फूलती है और हमेशा रँगी ही रहती है। इसी के चारों ओर खेत हैं, वन हैं, नदी-नाले हैं और पहाड़-पहाड़ियाँ हैं। कोई सहृदय प्रकृति-प्रेमी यदि वहाँ पहुँच जाए

तो आगे के लिए वह अपनी दिनचर्या जाया करे। इन्हीं हरी-हरी दूधों की महिमा है कि आज मेरे हाथ में बन्दूक के बदले लेखनी है।

3. पेशावर भी देख आया हूँ। माँ और कहीं, पिताजी जर्मनी की लड़ाई में, मैं और मेरा छोटा भाई पेशावर में। छुटपन के इसी विरह ने कविता की तुकबन्दी सिखलाई होगी, ऐसा याद करता हूँ।

4. चम्पारन का एक स्कूल। सामने डेस्क पर अंग्रेजी की कोई पुस्तक खुली है। वह बतलाती है कि बहादुर लार्ड स्काटलैंड का रहनेवाला था, मेकाले ने क्लाइव का ऐतिहासिक परिचय लिखा है, प्रिंस आफ वेल्स रोज सुबह-सुबह उठकर यह करते हैं, आदि। अपनी दुधमुँही बुद्धि की पाँख इन हरूफों से बाँध दी तबीयत से कहा कि कहानियों में लग जा और लकड़ी की बेंच पर कोष लेकर स्वयं मैं बैठ गया। आकाश-पाताल की रेखाएँ खींचीं और पूर्व को पश्चिम से मिलाया। किन्तु 'रीडरों की कुंजी' पढ़के हमें पढ़ानेवाले मास्टरों की भूरी-भूरी आँखों से आँखें मिली नहीं। महाकवि शैली तो निर्भीक थे, उन्होंने तूफान खड़ा कर दिया था; पर हम चुपचाप अलग हुए। यह पीछे मालूम हुआ कि कटी हुई पाँखों में नए सिरे से पर निकल आए हैं।

5. गरीबी बड़ी प्यारी चीज है। वह भी लड़कपन या बुढ़ापे में नहीं, भरी जवानी में। लड़कपन में यह संगिनी मिली तो बाल-हठ कुंठित हो जाता है, बुढ़ापे में आई तो सर्द आहें जारी होती हैं; पर कहीं यौवनकाल में मिल गई तो भरे हुए सीने की कठोर परीक्षा रहती है। इसलिए मामला शीघ्र समाप्त नहीं होता। इसी राह के हम मुसाफिर हैं।

6. एक बात याद आई। देहरादून सर्दी के लिए प्रसिद्ध है; पर जब गर्मी का समय आता है तब रात की चारपाइयाँ मैदानों में पड़ जाती हैं। ऐसा ही समय था वह रात के दो-ढाई बजे थे। कुछ देर हा-हू होती रही। पीछे इसका स्थान कथा-कहानी ने ले लिया और मनचलों ने सर-सिरहाने पड़ गए। ऐसे ही समय दूर पहाड़ी की चोटी पर कोयल कूकती थी-'कुकू-कुकू, कुकू-कुकू! उधर करौंदे के ऐसा एक फल होता है। हम उसे अपनी नेपाली भाषा में 'काफल्' कहते हैं। तो हम इस 'कुकू-कुकू' का भाषान्तर दूसरी तरह करते। कहते, कोयल गाती

है कि 'काफल पाक्यो, काफल पाक्यो।' 'पाक्यो' को आप 'पक गया' समझ लें। और 'काफल' पकते भी इसी समय हैं। कोयल का यह सन्देश इस अनूठे बाल्यकाल में हमारी क्रीड़ा का बहुत ही प्यारा सामान था। आज यह देखकर आँखें भीग जाती हैं कि नीले का यह वसन्ती रंग उड़ा नहीं है।

7. अब यह सुन्दर मालव-प्रदेश। तालाब की आड़ में मन्दिर, और मन्दिर को छूकर किनारे-किनारे सड़क जा रही है। उस दिन कौआ, तोता, गिलहरी और कबूतर को एक साथ एक ही जगह दाना चुगते देखा; एक-दो नहीं, झुंड के झुंड। वह खड़े-खड़े देखने की चीज रही। हमारे एकान्त मानस में हलचल मची कि इस सरल साहचर्य में मनुष्य क्यों नहीं शामिल हो लेता! पर पत्थर की दीवारों को शपथ है, वे बोलती नहीं।

8. साहित्य में आत्मीयता का बड़ा महत्व है। यहाँ स्नेह की संवेदना को सरिता कूल-किनारों को डुबा-डुबा कर बहती है। और यह प्रश्न भी सदा ही गूँजता रहता है कि 'कविता क्या है?' यही प्रश्न यदि मेरे सामने भी हो तो मैं अपने मनोभावों को इस तरह एकत्र करूँगा—कि, अपने आँगन में दो-चार नीबू के पेड़ लगा लीजिए।

—गोपाल सिंह नेपाली

लखनऊ
4.3.34

क्रम

रागिनी

प्राण, हमारी मधुर रागिनी जब-तब गमनागम में;
गाओ प्रिय, फूले न समाओ यहाँ अगाध-अगम में।
आज कहीं से ज्योति आ बसी इन पलकों के भीतर;
समझ गईं सब भेद पुतलियाँ अपने में, प्रियतम में।
फूटी कनकाभा, तो उड़कर डाली पर आ बैठे;
पड़े-पड़े अब सिहरो भोले, आज निविड़तम तम में।
वन-वन फूल चुनोगे तुम, तो काँटे किसे चुभेंगे?
जान-जान यों मेरे मोहन, खोए-से विभ्रम में,
जोड़-जोड़ सर के तिनके मैं बैठा सुख-दुख गाने,
प्रथम-प्रथम ही चंचु खुली थी, पहुँच गई पंचम में।

[जनवरी, 1935]

अंतरा

भीतर रोना, बाहर हँसना, संगिनि, जान गया हूँ मैं।
तरुण तपस्वी, तरुण विलासी,
जग का मैं ऐसा पुरवासी,
बाहर कैसे भेद खुले रे?
मन-भीतर मेरा विश्वासी।
बादल काले ही होते हैं, संगिनि, मान गया हूँ मैं।
नाच गईं काँटों में मीरा,
झूम-झूम गा गए कबीरा;
जग बदला मेरी बारी में,
गंगा बनी गहन-गंभीरा।
इतना है कि प्रेम की वाणी अब पहचान गया हूँ मैं।

[जनवरी, 1935]

मर्म

मैं बोलूँ, तू बोल पपीहे, यों गुमसुम कब तक रहना?
मन की व्यथा, पीर जीवन की दूर-दूर काहे सहना?
कहीं छिपी यह अंतर-ज्वाला, है समझ केवल दहना;
प्यारी पंछी, पिंजड़ा, प्यारा कुछ सुनना-कहना।

[मार्च, 1935]

वंदगी

फूल नहीं, कंकड़-पत्थर हैं-मंजिल-मंजिल रोड़े हैं;
पिय की खोज, चला बनवारी, पर बालम मुँह मोड़े हैं।
वही पुराना दर्द उठा है, वे गुमनामी फोड़े हैं;
हृदय गरीब प्रेम का मारा, इसने दुख ही जोड़े हैं।

वंदे बाग-डगर के काँटे, प्यारे पत्थर-दिल वंदे!
मुसाफिरी कुछ मुश्किल वंदे, दूर नहीं मंजिल वंदे!

धधक उठी है जीवन-ज्वाला, आज कठिन घड़ियाँ आईं;
कोरी-कोरी विमल घटाएँ, धोखा है, यों ही छाईं।

राह बता दी कुछ वैसी ही, लहरें ये दौड़ी आईं,
चहल-पहल में इस हलचल में मिले नहीं मेरे साईं।

वंदे सुमन साज-शोभा के, जिनमें तनिक सुगंध नहीं।
प्रेम, हमारा कभी किसी से द्वंद्व नहीं, प्रतिबंध नहीं!

डाली पर श्यामा बैठी है, अनुरागी मन गाता है;
दूर देश से दूती आई, कोई मुझे बुलाता है।
आज अकेले एक वियोगी राह पूछता जाता है;
काँटे हैं कि मनचला राही चिह्न पिया का पाता है।

वंदे तरु के पीले पत्ते, जिनमें कुछ रस-धार न हो;
वैसे यहाँ न हों प्रेमी, तो सच कह दूँ, संसार न हो।

वंदे नीर ओस के नीरस, मेरे पथ में क्यों आए
वंदे मोम, जिसे छूते ही दुस्तर पत्थर बन जाए।
वंदे योनि कठिन वायस-सी, जो गाए, तो क्या गाए,
वंदे निठुर, चाँद के बदले जिसने ये दिन दिखलाए!

वंदे जग की मति चतुरंगी, जो प्रेमी का भार रही,
वह तो हम हैं नाराजी भी जिन्हें गले का हार रही।

[मार्च, 1935]

चाँदनी में

देख ली है चाँदनी, कैसा लगा संसार, बोलो;
धूल के इस फूल को अब कर रहे हो प्यार, बोलो।
उस दिन जरा बरसात थी,
यों ही अँधेरी रात थी,
रोक ली मृदु सोहिनी-सी चीज यों मन मार, बोलो।
प्रिय, यह नदी का तीर है,
यमुना यहाँ गम्भीर है,
दर्द के मारे रहो तो हो चुके बस पार, बोलो।
कंकड़ बहुत हैं, खेल लो,
दुख-दर्द, बाधा झेल लो,

मिल गए पिय राह में, तो क्या रहा उपहार, बोलो।
इस भेद से अनजान था,
कुछ और ही अनुमान था,
ध्यान था ब्रज की गली का, बज उठे ये तार, बोलो।
चमका करेगी दामिनी,
आया करेगी यामिनी,
प्रेम से फूला करेगा बावला कचनार, बोलो।
कुछ काट हीरे की कनी,
दोगे बना तुम चाँदनी;
किन्तु लाओगे कहाँ से यह गले का हार, बोलो।

प्रेमी किसी का नाम है,
अनुराग भी कुछ काम है,
तीन दिन की जिन्दगी, जगते गए दिन चार, बोलो।

[मार्च, 1935]

पदध्वनि

वन-पर्वत से नीचे उतरीं, झरीं शृंग से आज प्रिए!
इतनी दूर आ मिलीं सहसा एक प्रेम के काज प्रिए!
मानिनि, कहीं फली-फूली हो,
चढ़ती वयस, दिशा भूली हो;
डोल उठी कागज की नैया,
डोरी समझ लहर छू ली हो।
भूल-भूल में, भ्रम-भ्रम में मिल गईं आज दो राह प्रिए!
गले लिपटकर और बढ़ गई यहाँ प्रेम की राह प्रिए!
दो जग का अनुपम संगम है,
प्राण छू दिए, जड़ जंगम है,

पाप-पुण्य हैं खड़े किनारे,
यह यौवन की बाढ़ अगम है।
चपल तरंगें, अमर उमंगें, प्राण-प्राण के खेल प्रिए!
अधरों पर मुस्कान अनूठी, रुदन यहाँ बेमेल प्रिए!
विकट परिस्थिति, भार बड़ा है,
ज्यों-त्यों आना यहाँ पड़ा है;
तुमसे पहले लाख मनाया,
फिर भी वह दिन दूर खड़ा है।
पाँव बढ़ाओ अंगारों पर, हँस-हँस गाओ गान प्रिए!
यों ही नहीं बदलने का यह जग का विषम विधान प्रिए!

राह न भूलें लोचन किनके?
पंथ बताए किसने गिनके?
नावें डूबीं, उलट गया जग,
तिरते चले गजब के तिनके!
नंगे पाँव, चुभ गए काँटे, व्यथा हो गई आह, प्रिए!
दर्द निकाल दिया काँटों से ही हँस-हँसकर वाह, प्रिए!
यहाँ खेल है मरना-खपना,
रीझ-रूठकर माला जपना;
एक हुनर सीखा इतने दिन-
आँसू पी-पी और पनपना।

जग में जिसने कभी पिरोई यों मोती की लड़ी प्रिए!
वह ज्ञानी है, उसने जानी बात बहुत ही बड़ी प्रिए!
ये पापी घन चले बरस के,
यहाँ स्रोत उमड़े री, रस के;
थी मतवाली मनोकामना,
घुट-घुटकर रह गई तरस के।
तड़पा मीन बिना पानी के, जब-तब व्याकुल प्राण प्रिए!
पहुँचा सदा मृत्यु-शय्या तक अति विलंब से त्राण प्रिए!
आज कहीं से आन मिली हो,
एक बगल में जुही खिली हो,

तंतु-तंतु बज उठते झनझन
मायाविनि, इस तरह हिली हो;
डोरी के दो मुँह जैसे ही प्राण और तुम एक प्रिए!
जग जीवन यौवन-अभिलाषा की मृदु-मृदु उद्रेक प्रिए!

[नवम्बर, 1935]

ठोकर

एक चोट-सी लगी अन्तर में, जग नवीन आशंका-सी;
उठ आँधी-सी, फैल घटा-सी, सुलग स्वर्ण की लंका-सी।
आ शंका-सी, छिप खंजर-सी, बोल मौत-सी दीवानी;
बुझा सकेगा कहाँ प्यास अब बन्द बोतलों का पानी।
घायल मर्म, सताया प्राणी, काँटे कोई चीज नहीं;
ममता का अंकुर फूटे, अब हिय में ऐसा बीज नहीं।
स्वप्न भंग, सुख का मुँह काला, मेहँदी के बदले छाले;
इस अवसर पर दिल क्या चाहे, बादल ये काले-काले।
नहीं दुपहरी, नहीं चाँदनी, आज कत्ल की रात घनी;
छेड़ न श्यामा, बुला न मोहन, प्रीति उलट आघात बनी।
कितनी मंजिल, कितनी गलियाँ, लेकिन अपनी राह अलग;
दुनिया बड़ी दूध की धोई, दर्दे-दिल की आह अलग।

[जनवरी, 1935]

विद्रोही

ऐ अनिष्ट के संगी-साथी, स्वर्गों की कल्पना न कर;
ऐ विनाश के नव स्फुलिंग, चंदन-तिलकों से बना न कर।
अरे धृष्ट, कर जमा टोपियाँ, सी ले, रँग ले गेंद बना;
ऐ असभ्य, ऐ उच्छृंखल, शृंखला बजाकर मोद मना
मरण-घड़ी, घड़ियाल बजा, उठ विद्रोही रच सुघड़ चिता;
इधर खींच माचिस की सींकें, उधर सुना अपनी कविता
जग के क्षणिक बुलबुले फूटें, चिर-विप्लव का राग जगे;
अट्टहास कर विग्रह, सोने की लंगा में आग लगे।

[दिसम्बर, 1935]

वनश्री

गंगा-यमुना की रेती में सुन्दर महल बनाना हो,
कालिंदी के हरित कूल में रूठा हृदय मनाना हो;
वन-वन फैली वल्लरियों को सुख से गले लगाना हो,
युग-युग के मंगल-गायन में मृदु कवि-कंठ मिलाना हो,
तो चुपचाप निकल परदेशी, भटक भूल जा राह कहीं!
नंगे पाँव खोजने वालों को नद-नदी अथाह नहीं!
कंकड़-धूल, फूल-काँटों का वह वन-देश निराला रे,
चंचल जल में पाँव डुबोए खेल रही वन-बाला रे;
आँखों के नन्हे घेरे-सी घेर रही गिरि-माला रे,
निर्झर-तीर शिला पर बैठा कोई गानेवाला रे!

मधुर पदध्वनि, मधुर प्रतिध्वनि मुखरित मृदु संगीत परम!
कुंज-लता की एक आड़ में जीवन सरल पुनीत परम!

[दिसम्बर, 1934]

दोनों

दिल की आग बड़ी बेढब रे, मनुआ काहे को माने?
घायल अपना अन्तर्यामी, भला-बुरा कैसे जाने?
कुछ उमड़े को बादल से, कुछ गरजे, कुछ बरस पड़े;
रात अँधेरी, चमक गई कुछ, प्राण हमारे वहीं खड़े।
आज लगा चस्का कडुवे का, कल की वह दुनिया खोई;
अपना बाग लगाया काँटा, कण-कण चिनगारी बोई।
प्रेम-नगर के राजा-रानी आज कठिन वनवास चले;
गाए गान, काले काँटे, सुध-बुध भूल कदंब-तले।
एक जोर का धक्का भव का, एक भूति को ठेस कड़ी;
एक कफन है दफनाने को, एक चिता की दो लकड़ी!

एक सुलगकर बना दिगंबर, एक हुई जोगिन न्यारी,
एक तड़फना सीख गया है, खुद है एक व्यथा प्यारी।
अपने जग का एक हिमालय, एक विंध्य की माला है;
एक खड़ी मुग्धा-सी पथ में, एक न डिगनेवाला है।
दीवानों की मति-गति ऐसी, उलझ-उलझकर पार हुई;
अटकी रही वही जो पीड़ा, गुल के नीचे खार हुई।

[जनवरी, 1935]

मीठी नींद

होती चली घनी अँधियारी, झलके अंबर के तारे;
रोंए सिहर उठे-दिन डूबा, बुझे न दिल के अंगारे।
आँखें झुकीं, दर्द आ लिपटा, बिखर पड़े दो-दो मोती;
इस रजनी का रंग साँवला, आती याद व्यथा होती।

दिन के स्वेद, रात के आँसू, थका हुआ दुर्बल डैना;
गरज-गरज घनश्याम आ गए, बोल रही भीतर मैना।
यह समीर का झोंका ऐसा, रह-रहकर पिंजड़ा डोले;
फटी चदरिया, सिली गुदड़िया, पर मनुआ किंवाड़ खोले।

पापी प्राण सदा के प्यासे, आस लगी, उम्मीद लगी;
भूले सुधि, सपनों में खोए, मीठी-मीठी नींद लगी।

[फरवरी, 1935]

पिय का भेद

(1)

खिली चमेली, चंपा फूली, नव गुलाब हँसता आया;
मेरे पास गजब का भौंरा वन से सुरभि उड़ा लाया।
पर बैरागी बना यहाँ पर यह भौंरा कुछ साध रहा;
मिली न मंजिल अभी सनम की, पिय का भेद अगाध रहा।

जो कुछ सुना, यही कि जवानी पछताती है, रोती है;
जो कुछ देखा, यही कि काया धूल-सरीखी होती है।
किन्तु ज्ञान यह कुछ अटपट है, कुछ अशुद्ध यह लेखा है,
वे कहते कुछ और, जिन्होंने स्वयं सनम को देखा है।

जाग मुसाफिर लग पगडंडी, वे राहें कुछ ऐसी ही;
झुकी हुई पेड़ों की डालें, वे बाँहें कुछ ऐसी ही।

(2)

रह-रह सुलझ-उलझ पड़ता है, स्नेही का हिय ही तो है;
जाने मर्म, दर्द जाने ना, प्रेमी का जिय ही तो है।

पंथ निराला, राह अटपटी, घट-घट विविध स्वरूप बने;
कौन कहे, हों कहीं न इस क्षण वे जग के अनुरूप बने।

समझ उन्हें न धान की बाली, वे तो सरसों के दाने;
फिर किस दाने में बैठे हैं, कह यह भेद कौन जाने?

जड़-जड़ सींच बराबर पानी, पिया कभी आँखें खोलें;
कहीं किसी दिन इन डालों पर पंछी की बोली बोलें।
जाग मुसाफिर लग पगडंडी, वे राहें कुछ ऐसी ही;
झुकी हुई पेड़ों की डालें, वे बाँहें कुछ ऐसी ही।

[जनवरी, 1935]

देश-दहन

सुलग-सुलग कर पूरी भट्ठी, गंगा-यमुना की रेती;
देश-दहन के ऐसे दिन ये, किसे सूझती है खेती।
घर-घर वन-वन आग लगाना,
अब न चाव से बाग लगाना;
द्रोही को कलंक कहते हैं,
इस कलंक का दाग लगाना।
तिल-तिल कर हिन्दू जलता है, दिल की आग मुसलमानी;
यह खैबर का रहनेवाला, लाया गंगा का पानी।
पड़ा न रह, अब डोल हिमालय,
गंगा का मुँह खोल हिमालय;

ये बालू है बीकानेरी,
टीले-टीले बोल हिमालय!
तिब्बत की गति ईश्वर जाने, यहाँ सकल मति बौरानी;
लहर काबुली इस बंगाली खाड़ी में पानी-पानी।
भोर हुई रे, जग पंजाबी,
गले-गले अब लग पंजाबी;
कोहिनूर पास है किसके,
हुए यहाँ जगमग पंजाबी!
अमृतसर है, पेशावर है—अब तो दिल्ली दूर नहीं;
लाला, कौन युवक लाहौरी आज नशे में चूर नहीं?

भाई, रंग जमा पटने में,
बढ़कर नाम कमा पटने में;
उस दिन फिर डोलेगी दुनिया,
जिस दिन बँधा समाँ पटने में!
गंडक के दोनों तीरों पर झेलम ने जादू डाला;
गीत इसी गांधी टोपी का गाता है ताँगेवाला।
आज पराई पीर बनारस,
भूल गया शमशीर बनारस;
झंडा लिए खड़ा बैरागी,
अब गंगा के तीर बनारस!

शान रहे सरकार, मरहठी, गुजराती ईमान रहे;
हिन्द महासागर में सबसे पहले हिन्दुस्तान रहे।
चले गजब की चाल जमाना,
ताड़ गया बंगाल जमाना;
शिमले में बर्फें पड़ती हैं,
इसीलिए बेहाल जमाना!
दुनिया जले विरह के मारे, यहाँ देश को आग लगे;
पत्थर दिल है रे, मुश्किल है, अभी अदन में बाग लगे।
बस, आगे तू बढ़ न मसीहा,
ऐसे पुतले गढ़ न मसीहा;

तुर्की चाल, कदम अंग्रेजी;
तब के दोहे पढ़ न मसीहा!
ऐसा ताप जवानी का यह, देश-दहन की यह ज्वाला;
किंकण के बदले है कंकड़, प्राण गा रहे चौताला।

[फरवरी, 1935]

काले मेघों के गर्जन में

क्या सोच गई यह विभावरी, जो इस जीवन में घनी हुई;
पत्थर है मानस बना हुआ, करुणा है निर्झर बनी हुई।

पंछी स्वच्छंद हुआ चाहे, बंदी निज बंधन-गान करे,
यह एक हमारी प्राण-पिकी अनुपम-निरुपम अनुमान करे;
कल्पना करे या चिन्ता कुछ, अभिमान करे या ध्यान करे,
लहरा है मानसरोवर यह, लहराकर साँझ विहान करे।

अब इंद्र-धनुष की मणिमाला है बिजली बनकर तनी हुई;
पत्थर है मानस बना हुआ, करुणा है निर्झर बनी हुई।

इन फैले कुंज-निकुंजों को ही परदेशी संसार न कह,
ये बड़े निराले आँसू हैं, इन बूँदों को दो-चार न कह;
हैं दीप-गगन के जब तक ये, तब तक प्रिय, बेड़ा पार न कह;
जीवन को चाहे जो कह ले, पर केवल प्यार-दुलार न कह!

काले मेघों के गर्जन में लवलीन कहीं चाँदनी हुई;
पत्थर है मानस बना हुआ, करुणा है निर्झर बनी हुई।

सहते हैं शीतल झोंके हम, ऐसी ही सुगति सदा की है,
खेतों में पानी आता है, घटना यह यदा-कदा की है;

अनुकंपा जीवन में केवल सुजला-सुफला विपदा की है,
जगते रहते हैं, आज्ञा यह तरु-वासिनी प्रियंवदा की है।

ऐसे करील के कुंजों में वायु न सुगंध की सनी हुई;
पत्थर है मानस बना हुआ, करुणा है निर्झर बनी हुई।

[अप्रैल, 1935]

धारा

(1)

तुंग हिमांचल मानस चंचल
निर्मल जल की धारा
मंजुल कलकल सुरभित शीतल
वन-प्रान्तर यह सारा
खग-कुल कलरव पुलकित पल्लव
सहज श्रांति की छाया
चहुँ दिशि जंगल पग-पग मंगल
मनोमोहिनी माया

वन का लघु पथ धीमा गति-रथ
विहँसित मुख कुम्हलाया
जलती दुपहर काया जर्जर
पथिक दूर से आया

(2)

पर्वत दुस्तर कंकड़ पत्थर
कठिन कलेवर सारा
वसुधा पिघली, पवि से निकली
शीतल जल की धारा

सुन्दर दर्पण सहज समर्पण
अंजलि में जल छलछल
सुख में सरला दुख में तरला
मीठी वाणी कलकल
लघु मृग-छौना सुघर खिलौना
खेले आ-आ कर में
दुख न माने कलह न जाने
चि-परिचित क्षण-भर में

[मार्च, 1934]

सावन-भादों

घनी घटा की चमचम बिजली
पिछले दृश्य दिखाती है;
कलम हाथ में देकर हमसे
मन की बात लिखाती है।

हम गाते हैं, सावन आया,
हँसे विरागी, हँस दी माया;
मिलकर रोओ, खिलकर गाओ,
सब अपने हैं, कौन पराया?

कर मल-मल पछताते सब हैं,
सभी दुखी हो जाते हैं;
प्यार-भरी दो बातें ऐसी-
दुखी सुखी हो जाते हैं।

निर्बल को कब प्यार मिला रे?
करुणा ही आधार-शिला रे!
बंधन तोड़ हँसा जो जग में,
लाल कमल-सा वही खिला रे!

जीवन के ये सावन-भादों
उमड़-घुमड़कर आते हैं;
बूँद-बूँद में कौन प्रलोभन-
जो गूँगे भी गाते हैं?

[सितम्बर, 1934]

मालव की डगर पर

चल दे मस्त-मगन आनंदित कवि, मालव की डगर पर;
संध्या खुली-खुली पावस की आई वन में अभी उतरकर।
कदम-कदम पर कुंज कँटीले, दूर हटे रहते हैं तरुवर;
आस-पास में झुकी लताएँ भार पवन पर देकर क्षण-भर।
यह टेढ़ी-मेढ़ी पगडंडी बहुत पुरानी, बढ़ी सिकुड़कर;
खाई से हट, काँटों से बच, पहुँची हरे-भरे खेतों पर।
हुई शाम, जा रहे बगल से दिन-भर चरकर घर को डंगर;
घंट-नाद कंठों का 'टिन-टिन, टन-टन, टुन-टुन' मधुर निरंतर।
दूर यहाँ से घनी बस्तियाँ, मानव-मानव में अभयंतर,
दूर कलह, अति दूर मलिनता, दूर कपट के तंतर-मंतर;

दूर पुलिस-सरकार, अदालत, अधिकारों का दूर बवंडर,
दूर यहाँ से हत्या-डाका, मानव का वह रूप भयंकर!
निकट यहाँ से स्रोत, जलाशय, वन-स्थली का शान्त कलेवर,
निकट हमारी वसुधा उर्वर, नव हरियाली रम्य मनोहर;
निकट पुराना अपना नाता, निकट वियोगी कवि का प्रिय घर,
निकट-निकट वे घाट, जहाँ पर मिलते जल-थल-चर-नर-वानर!
जन्म यहाँ सरिता से सिंच-सिंच, कुंज-लता, वन-तरु, तृण होकर,
मरण यहाँ अपनी छाती पर, जन्म अन्य को देकर सत्त्वर;
जीवन यहाँ रात-दिन हिलमिल खेल परस्पर, झेल परस्पर;
प्रेम यहाँ तृण के दोने में दो-दो अंजलि मोती भर-भर!

अब जा रहे विलंबित पंछी, खेत, कुंज, वन से उड़-उड़कर,
क्षितिज-रेख अस्पष्ट हुई कवि, छोड़ कल्पना, चल अब घर पर;
जग के वैसे कोलाहल में बहुत दिनों से तेरा कोटर;
यहाँ शान्ति का विमल सरोवर, क्रीड़ा-कलरव के निशि-वासर!

[अगस्त, 1934]

अलख

जग है, युग है, जीवन भी है;
किन्तु विवशता बड़ी हमारी!
बैठी है मुँह ताक-ताककर
कुछ करने की घड़ी हमारी!

रस्सों से है कसी जवानी,
शक्ति धूल में पड़ी हमारी!
खड़े सीखचों से घिर-घिरकर
रुद्र-मूर्ति है खड़ी हमारी!
आओ, बैठो अगल-बगल में,
अपनी-अपनी कहो कहानी।

बोलो बाबा, अलख निरंजन,
लोटा खाली, दृग में पानी!

चिन्ता किसकी, ममता किसकी,
जग है-किसकी याद किसे है?
अल्हड़ जितने पड़े सड़ रहे,
नियमों का अपवाद किसे है?
सबकी अपनी अलग यहाँ,
आबाद किसे-बरबाद किसे है?
औरों के पीछे चिल्लाए
ऐसा अंतर्नाद किसे है?

पीली-नीली-लाल समस्या
बुनो बैठकर ताना-बाना!
बोलो बाबा, अलख निरंजन
से दें-ऐसा गीत न गाना!

बनी देहली नई, किनारे
लगीं बत्तियाँ, रौनक छाई;
रुपए के चौंसठ पैसे हैं,
ढली अठन्नी, आना, पाई।
रेल चल गई, मोटर दौड़ी
शाम सुबह नित चिट्ठी आई;

हाँके ठेले, बिस्तर ढोए,
भूखे लेटे - बीन बजाई।
खा-खा के मरती है दुनिया,
कितने बे-खाए जीते हैं!
बोलो बाबा, अलख निरंजन,
जाड़ा है, बोरे सीते हैं!
टूटी छत के एक छेद से
झाँक रहा बंदी का सावन!
उमड़-घुमड़ कर बादल बरसे,
जीवन की ऋतु हुई सुहावन।

इस पापी हत्यारे दिल में
कभी वृत्ति हो उठती पावन;
गिनती रहती है उँगली पर
चौतिस-पैंतिस, सन् सत्तावन!
ठोको डिब्बे, टीन बाजाओ,
बजे रात के तीन अभी तो!
बोलो बाबा, अखल निरंजन,
ताले टूटें आज कभी तो!

[सितम्बर, 1934]

जवानी के तीर पर

जीवन की यह घड़ी निराली,
लाई रंग अजब नादानी;
चढ़ी सीढ़ियाँ चुपके-चुपके-
खिड़की पर आ खड़ी जवानी।

बदली जो तस्वीर हमारी,
जग ने जल्दी कब पहचानी?
चट्टानों की एक आड़ से
उछल चला सोते का पानी!

गम की दुनिया खड़ी निहारे-
अब यह लहर किधर को चल दी?
झोंका आया, राख हट गई,
शोले निकले इतनी जल्दी!

ऊपर है आकाश, राह में
नीचे फैली हुई धरा है-
दुनिया यह सामने खड़ी है,
जन्म-मरण की परम्परा है।

एक अलग हम दीवाने हैं,
तन-मन में कुछ और भरा है!
सातों रंग घुले प्राणों में
अब यह इंद्रधनुष निखरा है।

ऐसे तीर बसी यह दुनिया
सुबह-शाम बस घाट-किनारे!
दिन डूबा, हँस दिए बटोही,
पता न कब छिप गए सितारे!

रस्सी को जो नागिन समझे
ऐसा यह आवेश नहीं जी!
चुल्लू-भर पानी से ही जो
धुल जाए वह वेश नहीं जी!

अश्रु बहे फोड़े-फुंसी पर,
क्षमा करो, वह देश नहीं जी!
चिता सजी जल गई उसी दम,
क्रन्दन का अवशेष नहीं जी!

करते हैं अज्ञात-वास
कब से अंगार जगाने वाले!
बट धोतियाँ मृत्यु के कंधों
पर सीढ़ियाँ लगाने वाले!

पथ में कुछ अभिशाप पड़े हैं
बीते युग के, पिछले दिन के;
लक्ष्य-भेद करना है उन पर
निशि-दिन चुन-चुन के, गिन-गिन के!

आज जहर पी-पीकर फूले
खड़े हो गए सूखे तिनके!
पहन गले में मोहनमाला
झूल गए, ऐसे दिन किनके?

एक बूँद आँसू गिर जाए,
नहीं-नहीं, यह आज नहीं रे!
कब लौटेंगे घर दीवाने-
इसका कुछ अंदाज नहीं रे!

[अक्टूबर, 1934]

धोखा

दो दाने का लोभ, कपोती
पल में उलझी माया में!
आई उतर कल्पना नीचे
अनुभव की इस छाया में!

कितना कोमल जाल बुना है,
कहीं न देखा और सुना है;
दाने मधुर, गले में फाँसी
चतुर बधिक, क्या यंत्र चुना है!

मुग्ध दृष्टि की सृष्टि मोहिनी
बन बैठी है जाल अरे!
अद्‌भुत दानी, देनेवाला
हाथ खून से लाल करे!

[नवम्बर, 1934]

तरुणाई

अभी डूब मर तरुणाई तू,
हँसते हुए व्यथा होती है!
लेकर नाम प्रेम-करुणा का
निशि-दिन सिसक-सिसक रोती है!
यह भी कहीं उमंग, जरा-सी
ठेस लगी मुँह ढक सोती है!
हो जाती अधमरी चंडिके,
दाग खून के जब धोती है!
रुदन-प्रेम, यह भरी जवानी
तरुणों की ऐसी तरुणाई?

कवि के इस अज्ञात-वास में
साँपिन बनकर डसने आई!

[दिसम्बर, 1934]

जवानी

आग लगी चिन्ता के घर में,
मारी उदासी रोगी हो!
निर्बलता पड़ गई सोच में,
भागा दुख वियोगी हो!

ज्ञान हो गया निरी लँगोटी,
कदमों पर विज्ञान पड़ा!
चले खेलने तरुण, राह में,
भीख माँगता धर्म खड़ा!

अब आए वे दिन जीवन में
जिनको यौवन कहते हैं!
आठों पहर भस्म के पुतले
भस्म रमाए रहते हैं!

रावण के मस्तक चढ़ते हैं—
तभी रुद्र कुछ देते हैं!
माचिस की सींकों से बंदे
नाव सिंधु में खेते हैं!

मुट्ठी खोल चले जो जग से
उनके लिए कहानी है!
जिनकी मुट्ठी बंद, जवानी
उनकी बड़ी दिवानी है!

[मार्च, 1934]

पावस और कवि

शान्त घड़ी, एकान्त बसेरा
भीगी संध्या आई है!
पावस है चुप बैठे कवि के
लिए फुहारें लाई है!
दो-दो बूँदें टपक रही हैं
इन टीनों के छप्पर से!
छोड़ देखना इन बूँदों को
निकले कौन अभी घर से!
यह कवि की प्यारी बेला रे,
काले घन का घिर आना!

श्रम हरने के लिए शांति में
मन चाहे जब कुछ गाना!
जब आँखों के आगे टपकें
आँखों की जैसी बूँदें!
तब पावस का एक अनुभवी
कवि कैसे आँखें मूँदे?
गाता है कवि गान, बूँद पर
बूँद टीन से चूती है!
नभ से छत पर, छत से आकर
कवि के हिय को छूती है!
गाता है कवि गान, धार पर
धार छतों से चलती है!

जिसे देख कविता की,
कवि के हिय में, धार मचलती है!
इसी धार में फिर मन की
सब चिन्ताएँ बह जाती हैं!
विकट परिस्थितियाँ चक्कर खा
कर नीचे ढह जाती हैं!
रह जाती है एक शिला ही
बस कवि के दृढ़ जीवन की!
बैठ यहीं तोड़ा करता वह
कड़ियाँ जग के बंधन की।

[जून, 1934]

दूर

अनुज, आज इस पावस-ऋतु में
काले बादल मँडराए!
दूर देश में याद तुम्हारी
ले करके झोंके आए।
यह मालव, रतलाम नगर रे,
वृष्टि, पंक से कठिन डगर रे;
रिमझिम वर्षा, चमचम बिजली;
ज्यों जीवन की अगर-मगर रे!
इस रिमझिम बूँदाबूँदी में
दूर पड़ा कवि क्या गाए?
दूत इसलिये दौड़े-दौड़े
मेरे निकट चले आए!

मैं बैठा, एकान्त यहाँ पर,
करुणा आज अशान्त यहाँ पर;
टप-टप ये बूँदें किसकी हैं-
कवि की गति उद्भ्रांत यहाँ पर!
कूका पिक, मैं दौड़ा बाहर-
कौन आज परिजन आए?
देखा, नभ में बादल बनकर
मेरे मधुर स्मरण छाए!

[जुलाई, 1934]

टुकड़ी

चल बढ़ बची हुई टुकड़ी अब,
कर न विचार तनिक क्या बीता!
कदम-कदम पर ताल दे रहा
गरज, दमक, हुंकार पलीता!

मरते हैं डरपोक घरों में,
बाँध गले रेशम का फीता!
यह तो समर, यहाँ मुट्ठी-भर
मिट्टी जिसने चूमी, जीता!

[अगस्त, 1934]

पत्रोत्तर

(मित्र के पत्र का उत्तर)

बंधु, आपके एक प्रश्न ने
आज तड़ित् द्रुत चमकाए।

कवि के इस कल्पना-गगन में
घन ये उमड़ - घुमड़ आए।

यह मालव का रिमझिम पावस,
काली - काली घनी अमावस;

आँगन में बूँदों की टप-टप
कविता कवि की, जीवन का रस!

किन्तु, लिफाफे में इससे भी
घोर पड़ा था घन - गर्जन!

तड़प उठा मैं, प्रतिभा उछली
छोड़ कला का प्रिय सर्जन!

है जीवन की डोरी कच्ची,
अब भी कोसों दुनिया सच्ची।

कूद-कूद जाती हाथों से
वह नटखट किस्मत की बच्ची!

वह तो मैं हूँ, जो हँसता हूँ,
मस्ती है, कुछ गाता हूँ!

जो रोते हैं उन्हें मनाकर
अपना गीत सुनाता हूँ!

मानव का वंदन करता हूँ,
जग का अभिनन्दन करता हूँ;

है स्थिति यही, कलम घिस-घिस-
कर माथे पर चन्दन करता हूँ!

युग कठोर है बंधु, इसलिए
यह सब जग में करना है!

रोने की न पिता की आज्ञा,
हँसते-हँसते मरना है!

इसे मानिए दुख, तो दुख है,
आप जानिए सुख, तो सुख है;

इतनी दूर प्रेम पहुँचा है,
यही शक्ति मेरे सम्मुख है!

इसी शक्ति में, इसी ज्योति में
मैं आगे को बढ़ता हूँ!

जन्म-पुण्य से नेपाली हूँ,
जीवन-गिरि पर चढ़ता हूँ!

[3 अगस्त, 1934 की संध्या]

प्रेम-पूर्णिमा

(1)

चाँदनी अब की नई ही, है नई ही माधुरी!
राग के दीपक जले रे, प्रेम की जगमग पुरी!

आज के ये दिन सनम, घर-घर पपीहा बोलता!
दूर मधु मुरली बजी, वन-वन वियोगी डोलता!
यह अजब संध्या हुई, शंका हुई कि प्रभात है!
अब गजब की रात है कि दिया जले तो प्रात है!

गुल बनूँ, बुलबुल बनूँ, कोयल बनूँ कि चकोर रे?
यह घटा की भोर रे अलि, नाचता मन-मोर रे!
यह निशा, ऐसा नशा, अपनी दिशा 'मीरा' चले!
रंग लाई है हिना, कुछ मन चले, कुछ दिल जले!

(2)

रंग ही कुछ और है वह जब फकीरा व्यस्त हो!
जग उदय या अस्त हो, धुन में कबीरा मस्त हो!
माघ में फागुन लगे, रिमझिम सनम, बरसात हो!
चाँदनी इस पर लगी, पतझार में फल-पात हो!

यह अनूठी चाँदनी जो कर न दे, जो कर न ले!
है छलकती गागरी, जो भर न दे, जो भर न ले!
रंग क्या अलि, राह में कब से खिले ये फूल हैं!
ढंग क्या कहना, किसी के पाँव की ये धूल हैं।

धूल भी कुछ और ही ये, रत्न का अभिमान है।
है अभी देखा न जलवा, योगिनी नादान है!

(3)

दूर पहुँची नर्मदा, तो चल पड़ी गोदावरी!
वह कँटीली गैल ही रे, प्रेम की आसावरी!
गिन रहा पद-चिह्न हूँ मैं आज चुन-चुन कंकड़ी!
एक पिय के नाम पर मति हो रही इतनी बड़ी!

अग न जाने, जग न माने, हृदय ऐसा जीव है!
केन्द्र यह आघात का कितना सचेत-सजीव है!
दादरा-ठुमरी नहीं, अब चाह है कि विहाग हो!
केलि हो इस मर्त्य में अलि, आज राग-विराग हो!

ध्यान कर गुण-गान कर, मृदु प्रेम का यह योग रे!
शूल पथ के फूल हैं, यह प्राण का उद्योग रे!

(4)

प्रेम की यह कामना, पत्थर, तनिक तो बोल दे!
शैल बन, पाषाण बन, पर आज बंधन खोल दे!
प्रेम की यह भावना रे, उड़ न पंछी, डाल से!
मोह है कितना मधुर जग-जाल से, जंजाल से!

प्रेम की यह भूमिका, वाचालता भी मौन है!
कौन है बहरा यहाँ, गूँगा यहाँ पर कौन है!

प्रेम की यह कल्पना, इस हाथ में वह चाँद हो!
प्रेम हो, दृढ़ नेम हो, आह्लाद हो, उन्माद हो!
प्रेम की यह पूर्णिमा रे, खेलते शिशु प्राण हैं!
मोम हैं, मृदु फूल-से इनके धनुष में बाण हैं!

[फरवरी, 1935]

अनुवचन

प्रिये, प्रेम की फुलवारी यह, बिरुवा यहाँ लगायेंगे;
छींट-छींट बिरुवे पर पानी पिय की ज्योति जगायेंगे।
सुख-दुख के इन सहवासों में री, रोना भी पड़ता है;
इतना यहाँ भार अपना है, जग को नहीं रुलायेंगे।

उपवन के कोने-कोने में चिर-समाधि है अपनों की;
संध्या दीप जलायेंगे री, प्रातः फूल चढ़ायेंगे।
लेकर नाम किसी को दुनिया कहीं खोजती फिरती है;
घर गुदड़ी के तार हमारे बैठे इन्हें मिलायेंगे।

[फरवरी, 1935]

भाई-बहन

तू चिनगारी बन कर उड़ री, जाग-जाग मैं ज्वाल बनूँ!
तू बन जा हहराती गंगा, मैं झेलम बेहाल बनूँ!

आज वसंती चोला तेरा, मैं भी सज लू, लाल बनूँ!
तू भगिनी बन क्रान्ति कराली, मैं भाई विकराल बनूँ!

यहाँ न कोई राधारानी, वृंदावन, वंशीवाला!
तू आँगन की ज्योति बहन री, मैं घर का पहरे वाला!

बहन, प्रेम का पुतला हूँ मैं, तू ममता की गोद बनी!
मेरा जीवन क्रीड़ा-कौतुक, तू प्रत्यक्ष प्रमोद बनी!

मैं भाई फूलों में खोया! मेरी बहन विनोद बनी!
भाई की गति, मति भगिनी की, दोनों मंगल-मोद बनीं!

यह अपराध कलंक सुशीले, सारे फूल जला देना!
जननी की जंजीर बज रही, चल तबियत बहला देना!

भाई एक लहर बन आया, बहन नदी की धारा है!
संगम है, गंगा उमड़ी है, डूबा कूल-किनारा है!

यह उन्माद, बहन को अपना भाई एक सहारा है!
यह अलमस्ती, एक बहन ही भाई का ध्रुवतारा है!

पागल घड़ी, बहन-भाई है, वह आजाद तराना है!
मुसीबतों से, बलिदानों से पत्थर को समझाना है।

[मार्च, 1935]

रैन-बसेरा

सुख-दुख ऐसी चीज; कि जग में
जीवन की नैया डोले!
साईं, मेरा रैन-बसेरा
पिंजड़े में पंछी बोले!

प्यार किया, सर्वस्व लुटाया,
प्रेमी मन को पहचाना;
खुशी हुई, तो चुप्पी साधी,
दर्द उठा, सूझा गाना

अपना मन्दिर अलग बसाया;
बना पुजारी यह दिलदार;
मनुआ यह काहे को सोचे'
बरस रहे फूल कि ओले?

डाल प्रेम की लम्बी-लम्बी,
करुणा की कोमल पत्ती;
सींच रहा विरही मन मेरा,
बढ़ी, बढ़ रही है लत्ती!

सुख की हम जानें न जरा भी,
कंकड़ चुनें नदी के तीर;
जो प्रेमी हो आगे आकर
यह दुख का बोझा ढो ले!

सुबह हुई क्या, शाम हुई क्या,
निशिदिन चक्की चलती है
देख-देख फूलों-तारों को
जब-तब आह निकलती है

बस इतने ही से जो रो दे,
उसें नहीं गुलाबी रंग;
यहाँ सर्वदा सावन ही है,
झूल रहे हैं हिंडोले!

उस दिन चंपा को देखा था,
किन्तु न वह गेंदा-जैसी;
जिसका जीवन रोना ही, वह
क्या समझे मस्ती कैसी?

आग लगा दूँ ऐसे वन में,
जहाँ न नाचे कोई मोर;
जीवन वह, जो जले निरंतर,
जादू, जो चढ़ के बोले!

[मार्च, 1935]

जंजीर

दीवार न बोली पत्थर की,
यह काल-कोठरी सजी नहीं!
वह दिन न गया जीवन में
जब जंजीर पुरानी बजी नहीं।

यह हविस किसी की, कैदी
वह उन्माद-भरा दिखलाई दे!
बेमौके होली जलती है,
प्रह्लाद खरा दिखलाई दे!

यह खेत खून की खादों का
आबाद, हरा दिखलाई दे!
बंदों की गांधी टोपी में
अब चाँद जरा दिखलाई दे!

इस काले घुप्प अँधेरे में
काली-काली कुछ सजती है!
कैदी का काला डेरा है,
जंजीर पुरानी बजती है।

है धूप चढ़ी, हम प्यासे हैं,
वह चीज सुराहीवाली ला!
ला एक हमें गुलदस्ते दे, जा
फल-फूलों की डाली ला!

हम बिस्तर यहाँ लगा लेंगे,
चल तोषक, तकिया, जाली ला!
अब खश की टट्टी एक कहीं
से जा मेरे वनमाली ला!

ये ख्वाब यहाँ पर आते हैं,
तस्वीर हमारी सजने को!
खिड़की के पर्दे गिरते हैं
जंजीर पुरानी बजने को।

वह लाल चिता जब सजती है,
त्योहार उसे हम कहते हैं!
हो जिसकी धार मुहब्बत की,
तलवार उसे हम कहते हैं।

चढ़ चले फूल-सा खिलकर जो,
सरदार उसे हम कहते हैं!
जो बनी नहीं हो पत्थर की,
सरकार उसे हम कहते हैं।

यह लोहे का दरवाजा है,
तस्वीर हमारी सजती है।
जंजीर पुरानी बजती थी,
जंजीर पुरानी बजती है।

इस गर्मी, ठंडी, वर्षा में
ये घाव उधड़ते जायेंगे!
यह दुनिया चुप्पी साधेगी,
हम और जोर से गायेंगे!

हर दिन सावन है, भादो है,
काले-काले घन छायेंगे!
बिजली को काले कंबल में
चमकाकर हम दिखलायेंगे।

दीवार न बोली पत्थर की,
यह काल-कोठरी सजी नहीं!
वह दिन न गया जीवन में
जब जंजीर पुरानी बजी नहीं!

[मार्च, 1935]